PETER LAFFERTY era maestro de ciencias de una secundaria. Desde 1985 se ha dedicado a escribir libros de ciencias y tecnología para niños y para la lectura en casa. Ha redactado y contribuido a varios diccionarios y enciclopedias científicos.

BETTY ROOT era la Directora del Centro de Lectura e Información sobre el Lenguaje de la Universidad de Reading, Inglaterra durante más de 20 años. Ha trabajado con numerosos libros para niños, incluyendo obras de ficción y literatura fuera de la novelística.

SHIRLEY WILLIS nació en Glasgow, Escocia. Ha trabajado como ilustradora, diseñadora y redactora, principalmente de libros para niños.

REDACTORA: KAREN BARKER
ESPECIALISTA TECNICO: PETER LAFFERTY
ESPECIALISTA DEL LENGUAJE: BETTY ROOT

UN LIBRO DE SBC, CONCEBIDO, REDACTADO Y DISEÑADO POR
THE SALARIYA BOOK COMPANY
25 MARLBOROUGH PLACE, BRIGHTON, EAST SUSSEX BN1 1UB, REINO UNIDO.

PRIMERA EDICIÓN ESTADOUNIDENSE 1998, FRANKLIN WATTS
GROLIER PUBLISHING CO., INC., 90 SHERMAN TURNPIKE, DANBURY, CT 06816

ISBN 0 531 11831 2 (LIB. BDG.)
ISBN 0 531 15998 1 (PBK.)

SEGUNDA REIMPRESIÓN 2003

VISITE A FRANKLIN WATTS EN EL INTERNET A: HTTP://PUBLISHING.GROLIER.COM

GROLIER PUBLISHING

La documentación de catálogo que corresponde a este título se puede obtener de la Biblioteca del Congreso de los EE.UU.

LOS ESTUPENDOS

ÍNDICE GENERAL

Dondequiera que veas este símbolo, pídel a una persona mayor que te ayude.

LOS ESTUPENDOS

DIME POR QUÉ TIENEN ALAS LOS AVIONES

SHIRLEY WILLIS

W
FRANKLIN WATTS
Una división de Grolier Publishing
NEW YORK • LONDON • HONG KONG • SYDNEY
DANBURY, CONNECTICUT

¿PUEDO VOLAR?

Tú no puedes volar porque la fuerza de la gravedad te jala hacia la tierra.

Para volar, hay que superar la fuerza de la gravedad.

Los pájaros, los murciélagos y los insectos pueden volar porque pueden superar la fuerza de la gravedad.

LA GRAVEDAD TE MANTIENE LOS PIES EN LA TIERRA

¿QUÉ ES LA GRAVEDAD?

La fuerza de la gravedad te retiene en la tierra. Sin la gravedad, flotarías.

Cuando se cae algo, como esta manzana, la gravedad la atrae hacia abajo.

No puedes ver la gravedad pero es lo que atrae todo hacia el centro de la tierra.

¿CÓMO VUELAN LOS PÁJAROS?

Los pájaros pueden volar porque pueden superar la gravedad.

Los huesos del pájaro son huecos. Por eso, su cuerpo no pesa mucho. Cuando aletean, los pájaros se levantan de la tierra y empiezan a volar.

El cuerpo del pájaro está diseñado para volar. Tiene músculos fuertes para poder aletear y sus plumas lo protegen del frío.

¿PUEDES PARAR LA GRAVEDAD?

No puedes parar la gravedad pero el aire puede reducir su efecto.

UNA CARRERA DE PAPELES

Toma dos hojas de papel. Arruga una de ellas en forma de una bolita. Ahora, deja que caigan las dos hojas desde la misma altura.

La bolita de papel cae más rápidamente porque es más pequeña. La hoja cae menos rápidamente porque el aire la sostiene.

CÓMO CONSTRUIR UN PARACAÍDAS

Necesitarás: Una bolsa de plástico
Tijeras
Una regla
Cuatro cordones, cada uno de 12 pulgadas (un pie)
Cinta adhesiva
Plastilina

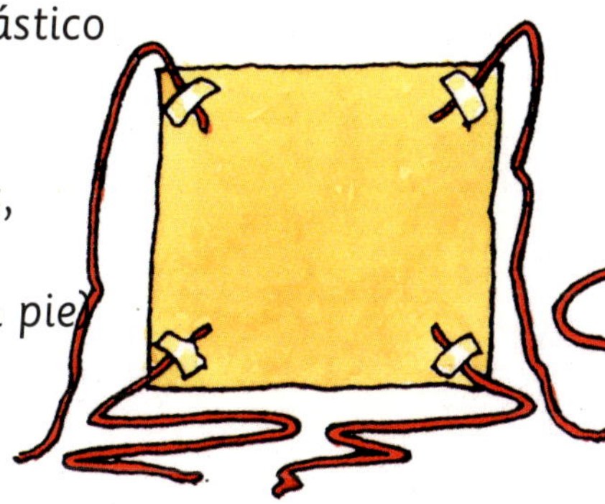

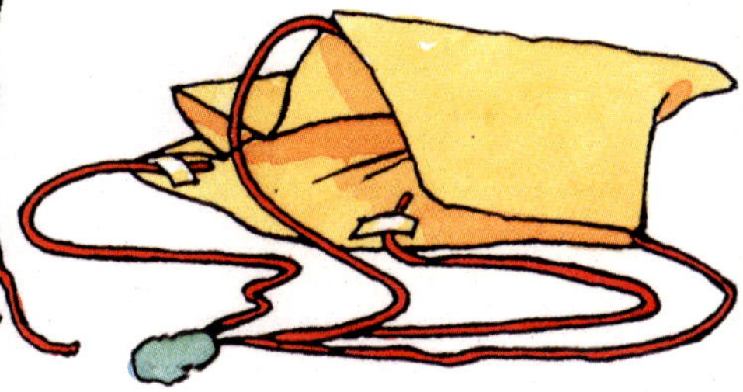

1. Con la ayuda de un adulto, corta de la bolsa de plástico un cuadro de 12 pulgadas.
2. Con la cinta adhesiva, fija un cordón a cada esquina, como se ve en el dibujo.
3. Haz un nudo de las 4 puntas de los cordones y apriétalo para que entre en una bolita de plastilina.

Cuando se cae un objeto, el aire funciona como un freno que lo hace caer más lentamente.

Esto se llama la resistencia al avance.

Cuando un paracaídas se infla con el aire, la resistencia al avance reduce su velocidad.

¿QUÉ ES EL AIRE?

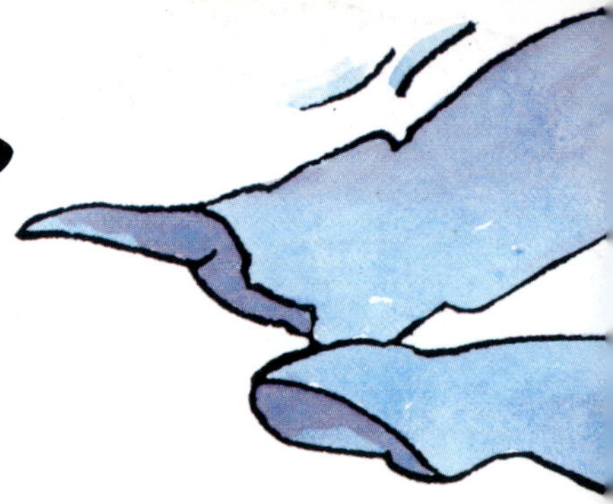

El aire es una mezcla de gases invisibles que nos rodea completamente.

El aire que se mueve de un lugar a otro se llama el viento.

El viento es el aire que se mueve.

El aire caliente sube y el aire frío cae. A medida que el aire caliente sube, el aire frío va rápidamente hacia abajo y llena el vacío. Así se crea el viento.

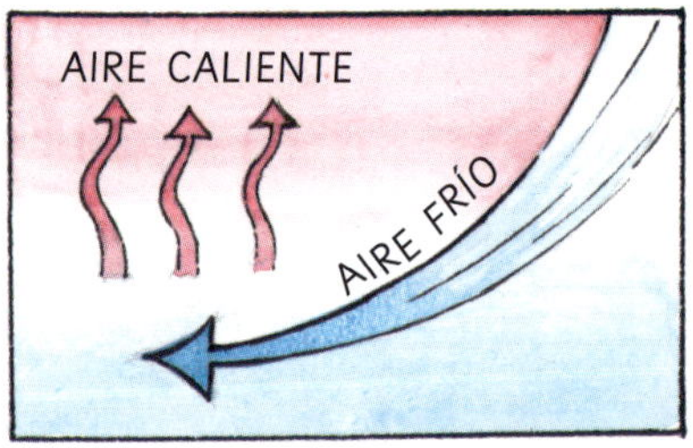

No puedes ver el viento, pero sí lo puedes sentir. En un día ventoso, puedes ver como el viento hace que se muevan las ramas de los árboles, las banderas y la ropa que está secándose en los cordeles.

¿PUEDEN FLOTAR LOS AVIONES?

Un planeador es un avión sin motor.

Los planeadores flotan en las corrientes de aire caliente que se llaman corrientes térmicas.

Para quedarse en el aire, el piloto de un planeador tiene que seguir las corrientes térmicas.

¿DE VERAS SUBE EL AIRE CALIENTE?

Necesitarás: Una hoja de papel rígido
Tijeras
Un lápiz
Hilo grueso
Plumas con punta de fieltro

1. En el papel, dibuja una espiral y diséñala para que parezca una serpiente.
2. Con la ayuda de un adulto, corta la espiral.
3. Ahora, pasa el hilo por la cabeza de la serpiente. Haz un nudo abajo.

Ahora, suspende tu serpiente arriba de un radiador para verla girar. Gira cuando sube el aire caliente.

¿SE NECESITAN ALAS PARA VOLAR?

Todos los aviones, los pájaros, los murciélagos y los insectos necesitan alas para volar.

Pero puedes volar sin alas en un globo.

Las burbujas suben porque están llenas de aire caliente. A medida que se enfría el aire dentro de ellas, las burbujas empiezan a caer.

El aire caliente sube porque es más ligero que el aire frío. Un globo flota hacia arriba porque el aire dentro del globo está caliente.

¿POR QUÉ TIENEN ALAS LOS AVIONES?

Un avión necesita alas para volar. El aire pasa rápidamente por los lados de un avión que acelera a lo largo de la pista. A medida que el aire se precipita por arriba y por debajo de las alas, el avión se levanta de la tierra.

La fuerza que levanta el avión se llama la sustentación.

Las alas de un avión son planas por debajo y convexas por arriba. Esta forma se llama la superficie de sustentación. Esta forma especial es lo que alza las alas y levanta el avión.

¿CÓMO SE SOSTIENEN EN EL AIRE LOS AVIONES?

La sustentación de las alas del avión es lo que lo levanta hacia el cielo y lo mantiene allí.

Lo que se llama el empujón es lo que ocurre cuando los motores mueven los aviones adelante a gran velocidad.
Si el avión dejara de moverse hacia adelante, caería rápidamente del cielo.

CÓMO HACER UN AVIÓN DE PAPEL

1. Dobla una hoja de papel.
2. Ahora, dobla las dos esquinas hacia el centro, como se ve en el dibujo.
3. Dobla las esquinas hacia el centro otra vez, como se ve en el dibujo.
4. Ahora, dobla todo el avión y dobla las alas hacia atrás.
5. ¡Es la hora del despegue!

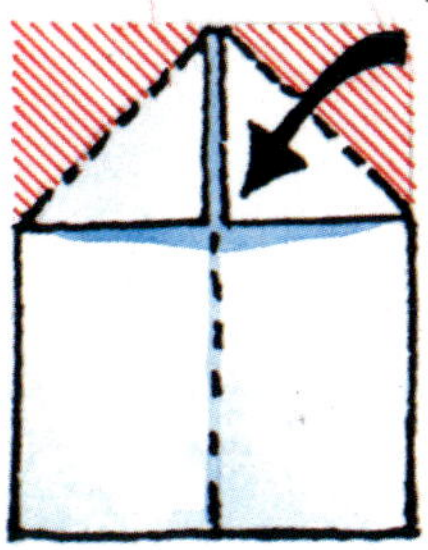

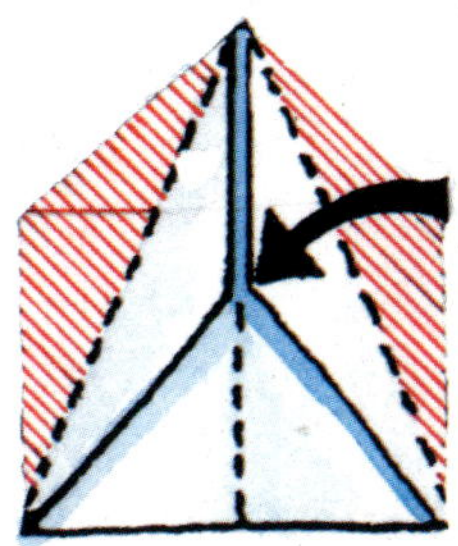

¿CÓMO PUEDEN VOLAR TAN RÁPIDAMENTE LOS AVIONES?

Un avión necesita un motor para poder volar rápidamente.

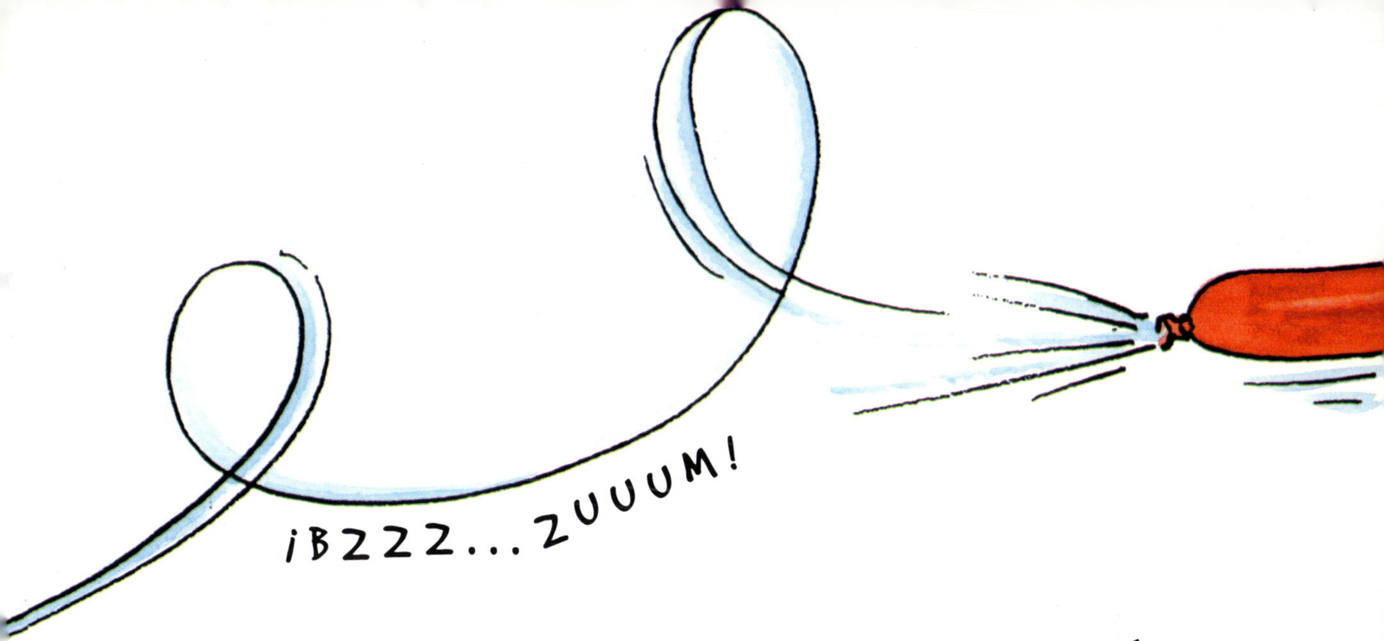

UN GLOBO DE REACCIÓN

Infla un globo y déjalo volar. Una corriente fuerte de aire se lanza para afuera y mueve el globo por el aire.

Los motores de reacción hacen que los aviones vuelen muy rápidamente. Una ráfaga de gases se escapa de la parte de atrás del avión y lo empuja hacia adelante a una gran velocidad.

¿CÓMO SE GUÍA UN AVIÓN?

El piloto hace virar el avión al inclinar el timón a la izquierda o a la derecha. El piloto levanta o baja los alerones especiales de las alas y los planos de cola para subir o bajar.

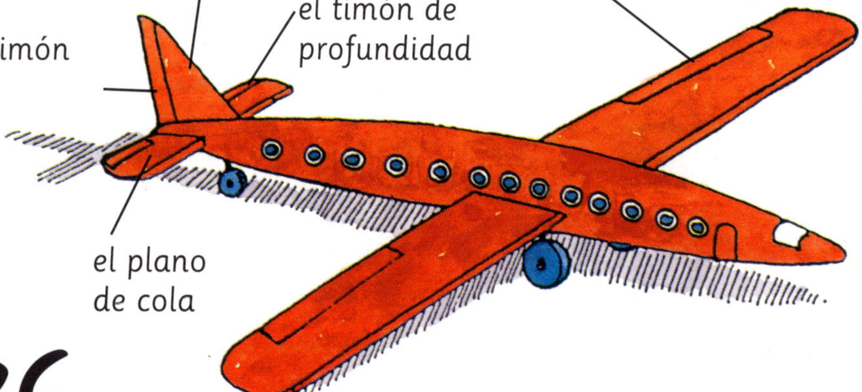

Las aletas de las alas se llaman los alerones.
Las aletas en los planos de cola se llaman los timones de profundidad.

¿PUEDEN VOLAR LOS AVIONES HACIA ATRÁS?

Un helicóptero puede volar
o hacia atrás o hacia adelante.
También puede volar
hacia arriba, hacia abajo,
o hacia un lado.

Gira el palo rápidamente entre las manos y tíralo al aire. Observa como vuela el tíovivo.

CÓMO CONSTRUIR UN TIOVIVO

Necesitarás:

- Una botella de plástico
- Un palito delgado
- Tijeras
- Una pluma con punta de fieltro
- Una regla

1. Mide un rectángulo (8 pulgadas x 2 pulgadas) en la superficie de una botella de plástico. Ahora córtalo.
2. Indica con la pluma con punta de fieltro el centro del rectángulo. Corta una raja en ambos lados, como se ve en el dibujo.
3. En el centro, haz una abertura que sea del tamaño necesario para poder insertar el palito.
4. Aprieta ligeramente hacia abajo las hojas, como se ve en el dibujo.

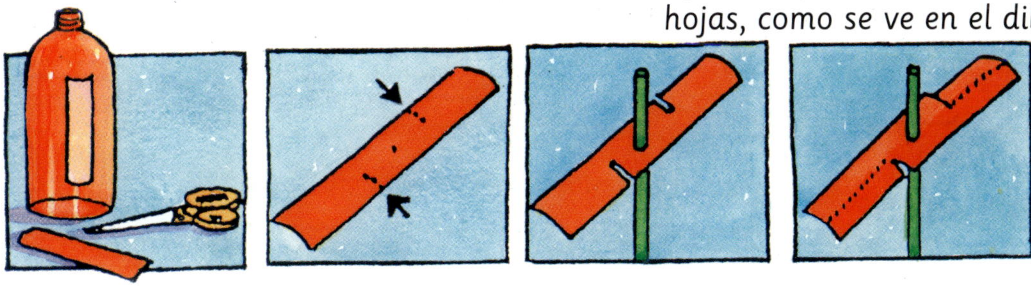

En vez de alas, los helicópteros tienen hélices que giran. Las hélices giran y hacen que suba el helicóptero.

GLOSARIO

los alerones	Las aletas móviles en las alas del avión que lo ayudan a subir o bajar.
la aleta de dirección	Una aleta vertical en la parte de atrás del avión.
el avión	Un aparato volador que tiene alas.
la corriente térmica	Una corriente de aire caliente que permite que vuelen los planeadores.
empujar	Hacer que algo se mueva rápidamente hacia adelante.
el empujón	La fuerza de los motores que mueve el avión por el aire.
el globo	Un aparato grande y redondo que se llena de aire caliente para poder subir y volar.
la gravedad	La fuerza que jala todo hacia la tierra.
el helicóptero	Un aparato que puede volar y que tiene hélices que giran rápidamente.
el motor de reacción	Un motor de avión que empuja hacia atrás los gases calientes.
el paracaídas	Un aparato que se abre como un paraguas a medida que cae del cielo. Le ayuda al aviador a aterrizar sin novedad.
los planos de cola	Las alas pequeñas del avión que se hallan en la parte de atrás.
la superficie de sustentación	Un contorno especial que crea una fuerza hacia arriba que se llama la sustentación. Las hélices del helicóptero y las alas del avión tienen una superficie de sustentación.
el timón	Una aleta móvil del avión que lo permite virar a la izquiera o a la derecha.
el timón de profundidad	Las aletas en los planos de cola que permiten que el avión suba o baje.

INDICE